AF205073

Das ist Franz, er kommt nach Hause.
„Puh", seufzt er, „ich brauch 'ne Pause."
Franz will lesen, ganz in Stille.
Ihm fehlt nur noch seine Brille …

Prinz Franz
total Papa

Annette Swoboda
Angelika Glitz

Thienemann

Franz schlich sich durch's Schloss und fluchte,
weil er seine Brille suchte.
Plötzlich kamen im Galopp,
seine Lämmer, hoppel-hopp,
hängten sich an seine Puscheln.
Man sieht Franz mit allen kuscheln.

Dann, Franz wollte Gerda drücken,
sagte die: „Mir schmerzt der Rücken!
Schatzi, trab doch schnell nach Schneeren,
kauf mir Medizin aus Beeren.
Und die Kinder nimmst du mit."
Worauf sie auf's Sofa glitt.
„Wie, echt alle?", Prinz Franz fragte.
„Schaffst du schon!", die Gerda sagte.

Was hat Gerda nur, denn friedlich
sind die Lämmchen und so niedlich,
dachte Franz, und durch Kamille
trabte er in Sommerstille.

Plötzlich stand vor Franz ein Schild.
Franz hielt an und schielte wild.
„Kann's nicht lesen ohne Brille."
„Rechts geht's lang!", rief Klein-Sybille.
(Leider konnte Klein-Sybille
auch nicht lesen – trotz der Brille.)

"Auf, ihr Lämmchen, trapp-trapp-trapp!"
Doch die Kleinen seufzten schlapp.

Und dann plötzlich, kurz vorm Meer,
konnte keins der Lämmer mehr.

* Papa, trag mich! Und den Wolfi auch!   ** Ich muss mal!
*** Meine Füße tun weh ...   **** Wann sind wir da?

Sie verdufteten ins Korn.
Franz sah nichts, er sang weit vorn:
„Fröhlich wandern wir nach Schneeren,
kaufen Gerda Saft aus Beeren."

Franz lief weiter bis zum Strand,
wo 'ne kleine Hütte stand.
Muss die Apotheke sein,
dachte Franz und trabte ein,
ohne erst das Schild zu lesen.
Und wer stand da hinterm Tresen?

Die vier Schnuckies johlten: „Franz!“,
machten einen Freudentanz.
„Oh, ein Lämmchen“, schrien sie. „Putzig!
Weich und süß und gar nicht schmutzig!“
„Ja“, sprach Franz, „ich lieb es sehr.
Hinter mir hab ich noch mehr!“
„Wo denn?“, fragte eins der Schnuckies
und befühlte Franzens Muckis.
Franz fuhr rum, bekam 'nen Schreck.
Alle Lämmer waren weg!

Oh, herrje!", so tat Franz fluchen.
„Ich muss los, um sie zu suchen!"
„Nimm uns mit", rief laut ein Schnucki,
und mit Franz und ruckizucki
stürmten sie den Deich hinauf.

Hoffentlich sind sie wohlauf!,
dachte Franz. – „Da vorn im Stroh!",
rief Klein Fritz. Was war Franz froh!
Seine Lämmchen zwischen Ähren
schliefen mit dem Bauch voll Beeren.

Alle Schnuckies, laut wie Raben,
riefen: „Süß, die woll'n wir haben!
Kommt, wir tragen sie nach Hause,
wir verwöhnen sie mit Brause
und wir föhnen ihnen Locken!"
„Nein, niemals!", rief Franz erschrocken.
„Doch! Gefunden ist gefunden!",
schrien die Schnuckies unumwunden.

Prinz Franz dachte erst: Oh weh …,
doch dann kam ihm die Idee.

Danke", sprach er. „Bin ich froh!"
Drauf die Schnuckies: „Echt? Wieso?"
„Nun, nie wieder Locken stutzen,
Mäuler stopfen, Zähne putzen.
Windeln wechseln, kuscheln, tragen,
Monster jagen, die sie plagen.
Klar, die Kleinen sind zwar putzig,
doch sie machen alles schmutzig.
Nehmt nur alle mit nach Hause
und ich mache Babypause."

Die vier Schnuckies – sehr erschrocken –
rauften sich die Lammfell-Locken.

„Bääh", sie blökten, „so viel schuften?!
Da ist's besser, wir verduften!"
Alle Lämmer – welch ein Glück –
ließen sie bei Franz zurück.

Franz gab glücklich jedem Fratz
einen dicken Papa-Schmatz.
Danach ging's im Jagdgalopp
schnell nach Hause, hopp-hopp-hopp.
Dabei sangen alle krumm:
„Schnuckies, Schnuckies sind so dumm!"

Dann, im Schloss, vor Badeschaum
sah Prinz Franz die Gerda kaum.

„Habt ihr alles gut geschafft?"
„Ja", sprach Franz, „bis auf den Saft."
„Macht nichts", strahlte Gerda da.
„Mir geht's wieder wunderbar.
Diese Ruhe, die war ehrlich
so erholsam und auch herrlich."
Franz massierte Gerdas Rücken
und sie seufzte vor Entzücken.

Alle Schafe, noch nach Jahren,
blieben glücklich, wie sie waren.

Angelika Glitz, Jahrgang 1966, arbeitete nach ihrem Studium einige Jahre in der Werbung. Heute schreibt sie Kinderbücher und Drehbücher fürs Kinderfernsehen. Sie lebt mit ihrem Mann und drei Kindern in der Nähe von Frankfurt.

Annette Swoboda, 1962 geboren und aufgewachsen in Weinheim an der Bergstraße, studierte Arts Plastiques in Aix-en-Provence, Frankreich, und danach in Mannheim Grafik-Design.
Sie arbeitet seit vielen Jahren freischaffend als Kinderbuchillustratorin und lebt mit ihrer Familie auf einem Hof in der friesischen Wehde.

Glitz, Angelika und Swoboda, Annette:
Prinz Franz total Papa
ISBN 978 3 522 45845 0

Text: Angelika Glitz
Illustrationen: Annette Swoboda
Einband- und Innentypografie: Annette Swoboda und Doris Grüniger, buchundgrafik, Zürich
Reproduktion: HKS-artmedia GmbH, Leinfelden-Echterdingen
Druck und Bindung: Livonia Print, Riga

FSC
MIX
Papier aus verantwortungsvollen Quellen
FSC® C002795
www.fsc.org

© 2017 Thienemann in der Thienemann-Esslinger Verlag GmbH, Stuttgart
Printed in Latvia. Alle Rechte vorbehalten.
www.thienemann.de